BIBLIOTHÈQUE PRIMAIRE A DEUX SOUS.

PREMIER LIVRE
DE LECTURE.

LECTURES
EXTRAITES
DE LA BIBLIOTHÈQUE DE L'INSTITUTEUR,

Par M. Delapalme.

PRIX : 2 SOUS BROCHÉ; 3 SOUS CARTONNÉ.

PARIS,
CHEZ PAUL DUPONT,
DIRECTEUR DE LA LIBRAIRIE NORMALE D'ÉDUCATION,
ÉDITEUR DE L'INSTITUTEUR, JOURNAL DES ÉCOLES PRIMAIRES.
Rue de Grenelle-St-Honoré, n. 55.

1834.

TABLE DES MATIÈRES.

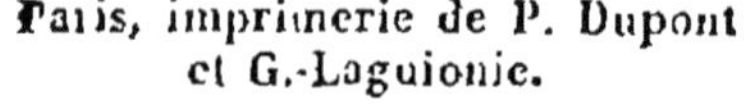

Paris, imprimerie de P. Dupont et G.-Laguionie.

PREMIER LIVRE

DE LECTURE.

DIEU CRÉATEUR.

(Tiré de la Bible.)

C'est Dieu qui a fait tout; il a étendu les cieux et formé la terre.

C'est lui qui donne la vie et qui donne la mort.

Il est le commencement et la fin de toutes choses.

Il était avant toutes choses, et toutes choses subsistent en lui.

Les cieux racontent sa gloire, le jour l'annonce au jour, et la nuit le révèle à la nuit.

C'est un langage sublime entendu de tous les hommes, un cri qui retentit dans toute la terre et jusqu'aux extrémités du monde.

Voyez le soleil; il s'avance dans sa marche, il s'élève au plus haut des cieux, et rien ne se cache à ses rayons.

Interrogez les animaux, ils vous répondront; interrogez les oiseaux du ciel, ils vous instruiront; parlez à la terre, et sa voix se fera entendre.

Car toutes choses sont sorties de la main de Dieu.

Il est le seul grand, le seul puissant, et nous sommes devant lui comme des insectes dans la poudre.

Homme, depuis que tu es au monde, est-ce toi qui as commandé au jour de paraître, et qui as marqué à l'aurore le point de son départ?

Sais-tu où sont les réservoirs de la lumière, où est le séjour des ténèbres? As-tu découvert où sont les trésors de la neige, où sont les magasins de la grêle? Sais-tu comment la clarté se répand, et comment la chaleur pénètre la terre?

Dis-moi, dis, qui a donné à la pluie sa chute impétueuse, au tonnerre son bruit redoutable?

Dis-moi qui fait tomber les gouttes de la rosée, et qui durcit la glace sur la face des eaux?

Homme, est-ce ton bras qui lance la foudre? Est-ce toi qui la retiens? Obéit-elle à ta voix?

Dieu dès le commencement a sagement distribué toutes choses et assigné à chacune sa place. Il les a rangées dans leur ordre éternel, et jamais elles ne s'arrêtent ni ne s'égarent, jamais elles ne se gênent ni ne se heurtent.

Il a donné ses limites à la mer lorsqu'elle menaçait de franchir les rivages; il lui a dit : Tu viendras jusqu'ici, tu n'iras pas plus loin.

BONTÉ DE DIEU.

(Tiré de la Bible.)

Dieu est grand et bon dans toutes les œuvres de sa puissance.

C'est lui qui fait couler les ruisseaux dans les vallées, et qui fait descendre les eaux des montagnes pour qu'elles arrosent la terre.

Il produit l'herbe pour les animaux et les plantes pour l'homme: c'est lui qui fait croître dans les sillons le pain qui nous sert d'aliment et le vin qui nous désaltère.

Tant de créatures attendent de lui chaque jour la nourriture qui soutient leur vie.

Il ouvre la main, et tout est

rempli de ses bienfaits ; il retire son esprit créateur, et tout cesse de vivre et retombe en poussière.

Dieu est bon pour tous, et sa miséricorde s'étend sur toutes ses œuvres.

Il est miséricordieux pour tous parce qu'il peut tout.

Il aime tout ce qui est, car il ne hait pas ce qu'il a formé de ses mains, et il n'a rien fait ni créé pour le haïr.

Il épargne les hommes, parce que les hommes sont son ouvrage.

Vous qui l'honorez sachez qu'une vie vertueuse aura sa couronne, et que si vous êtes dans le chagrin vous serez secourus.

Car Dieu ne prend pas plaisir à

nos maux; il ramène le calme après la tempête, et il rend la joie après la douleur et les larmes.

LE MATIN.

Le jour vient de naître; les ombres de la nuit se dissipent et le ciel s'est coloré à l'orient de longues teintes rougeâtres qui devancent le soleil et reflètent ses rayons.

La nature est tranquille, tout est silencieux : seulement un léger souffle de l'air agite les feuilles des arbres et en fait sortir un murmure qui se prolonge, et qui, de rameaux en rameaux, de fleurs en fleurs, se répand dans la plaine.

Mais voici!... Le soleil paraît. Qu'il est grand! Qu'il est majestueux! On croirait voir Dieu lui-même s'avancer sur les nuages, au milieu des flammes.

Il s'élève comme dans une marche triomphale, et de toutes parts il inonde la terre des flots de sa lumière : il voit tout, il embrasse tout : il éclaire l'insecte sous l'herbe et l'homme dans ses palais.

Oh, qui pourrait être insensible à ce spectacle? Quel est l'homme dont la raison n'est pas confondue, et qui ne se courbe à la vue de cette merveille?

Dites-moi, enfant, qui a lancé le soleil dans l'espace? Qui lui a tracé la marche qu'il parcourt? Qui lui a dit : Tu te montreras à l'orient, tu te cacheras à l'occident, tu feras le jour et la nuit, l'hiver et l'été, le froid et le chaud?

Quelle est la main qui le tient suspendu, comme une lampe céleste, au-dessus des hommes et des mondes? Qui a donné à ses rayons cette puissance féconde faisant sortir les feuilles des rameaux et la fleur du bourgeon?

C'est Dieu qui a fait le soleil; c'est Dieu qui a fait tout ce qui existe, la terre et ses fleuves et ses montagnes et ses vastes mers dont les flots mugissent, et ses espaces immenses et ses champs fertiles et ses arbres majestueux.

C'est lui qui a fait l'homme d'un souffle de sa puissance.

Il a dit : Que le monde soit, et le monde a été.

LA NUIT.

La nuit est descendue sur la terre : l'air brûlant s'est rafraîchi ; tout est calme ; l'heure du repos est venue : les hommes, les animaux, les plantes, tout dort et se tait.

Les enfans reposent auprès de leur mère; ils dorment dans leur berceau comme de jeunes oiseaux dans leur nid.

L'enclume ne retentit plus sous le marteau, les feux de la forge sont éteints et la fumée ne s'élève plus du toit des maisons.

L'obscurité règne; tout est silencieux; aucun œil n'est ouvert, et les astres qui peuplent le ciel accomplissent lentement leur éternelle révolution.

Qui donc veille pendant que tout dort? Qui prend soin des êtres ensevelis dans le sommeil? Qui les protége et les conserve lorsqu'ils sont ainsi abandonnés et sans défense?

Il est un œil pour qui rien n'est caché, qui voit au sein des ténèbres comme au milieu de la splendeur du jour; qui voit les petites choses comme les grandes; au fond des abîmes et sur le sommet des montagnes, dans les palais et dans les chaumières.

Ce que nous ne voyons pas, il le voit: il voit la fourmi sous l'herbe, et découvre jusqu'aux pensées au fond de notre cœur.

Lorsque tout est dans le repos et que le soleil n'éclaire plus, c'est lui qui veille sur la grande famille de l'univers, près du berceau de l'enfant, près du lit de la mère; c'est lui qui conserve toutes choses, qui est dans les bois et dans les vallées, au milieu des hommes et dans les déserts.

LES ÉTOILES.

Voici la nuit, on n'aperçoit que le ciel immense rempli de ses étoiles nombreuses brillant dans le silence.

Dites-moi, avez-vous compté les

étoiles qui sont au ciel? Votre œil peut-il les distinguer et les connaître?

Elles sont innombrables et infinies. L'œil n'en aperçoit qu'une petite partie, et cependant il en distingue des milliers. Prenez les télescopes que l'art de l'homme a inventés, les champs du ciel s'étendront devant vous, de nouvelles étoiles apparaîtront : le regard se fatigue à les contempler, l'esprit à les nombrer, l'imagination à les comprendre.

Elles sont à des distances immenses; des millions de millions de lieues nous en séparent. La science de l'homme a pu le calculer sans pouvoir le comprendre. La balle que lance une arme chargée de poudre, si prompte dans sa course qu'elle arrive plus vite qu'elle n'est vue, mettrait des années à y parvenir.

Et que sont donc les étoiles? Pourquoi Dieu les a-t-il jetées dans l'espace comme des volées d'oiseaux dans les airs?

Ces étoiles, ce sont autant de soleils brillants qui, comme le soleil, prêtent sans doute leur clarté à quelque globe terrestre roulant dans l'infini.

O homme! arrête-toi. Grand Dieu, que de merveilles! Quoi, des soleils sans nombre! Quoi, des mondes infinis! Quoi la terre que nous habitons perdue elle-même au milieu de cette profusion de globes, et, tout autour de nous, l'infini en étendue, l'infini en nombre, l'infini sur nos têtes, l'infini sous nos pieds!

Et que sommes-nous donc au milieu de ces espaces sans fin et de ces masses énormes, nous faibles, inaperçus dans l'immensité?

Nous sommes petits, chétifs, misérables, mais nous sommes grands encore, puisque Dieu nous a donné la raison pour le comprendre, et l'ame pour nous élever à lui.

LE PÈRE.

Vous êtes arrivé au monde; vous étiez faible, abandonné, vous poussiez des cris, et vous n'aviez pas la force de vous soulever.

Votre père est venu, il vous a pris dans ses bras, et vous a placé sur le sein de votre mère.

Pendant les nuits, quand vous souffriez, votre père souffrait aussi : il se penchait sur votre berceau, et priait Dieu pour vous.

Tout le jour il travaillait, le front couvert de sueur; puis le soir il revenait content, songeant que le prix de son travail nourrirait sa famille.

Nous grandissons : quel est pour nous sur la terre l'ami le meilleur ? c'est notre père.

Quel est celui qui s'appauvrit pour nous rendre plus riches ? c'est notre père.

Enfants, honorez votre père. Celui qui honore son père se réjouira dans ses enfants.

Dans vos actions, dans vos paroles, dans tout ce que vous faites, honorez votre père, afin que sa bénédiction descende sur vous, et qu'elle repose à jamais sur votre tête.

La bénédiction du père affermit la maison des enfants.

Ne faites jamais rien qui puisse affliger votre père.

Faites tout pour lui, car il a fait tout pour vous.

Quand il vieillira et que ses cheveux blanchiront, vous devrez être sa consolation et son appui.

Priez Dieu d'éloigner de lui les chagrins,

de lui donner une vie paisible, et une vieillesse semblable à la fin d'un beau jour.

Dieu a dit : honorez votre père et votre mère, afin de vivre long-temps sur la terre.

LA MÈRE.

J'ai vu la mère près de son enfant nouveau-né. Comme elle le regardait avec des yeux pleins de tendresse! comme elle le pressait contre son cœur, et le couvrait de baisers!

Le jour, la nuit elle ne le quitte pas, elle veille sur lui pendant son sommeil, épiant son premier cri ou son premier sourire à son reveil.

Tendre mère! son bonheur c'est son enfant, son malheur, c'est le malheur de son enfant.

Pauvre, riche, que lui importe? son enfant est son bien le plus cher, c'est toute sa richesse.

Il ne lui manque rien, pourvu qu'elle ait un coin de vêtement pour l'envelopper, et dans son sein une goutte de lait pour le nourrir.

Le cœur d'une mère est un trésor de bonté et d'indulgence : elle aime ses enfants quand ils sont bons ; elle les chérit encore, même quand ils sont méchants.

Elle oavre ses bras à l'enfant prodigue, le presse contre son cœur, se souvenant qu'il est toujours son fils, et qu'elle a veillé près de son berceau.

Aimez votre mère comme elle vous a aimés. Rappelez-vous ce qu'elle a souffert pour vous lorsqu'elle vous portait dans son sein. Rendez à sa vieillesse ce qu'elle a fait pour votre jeunesse.

Que ses derniers regards se reposent sur vous avec joie, et qu'en mourant elle puisse vous bénir.

AMOUR DU PROCHAIN.

Aimez votre prochain comme vous-même.

Ne faites pas aux autres ce que vous ne voudriez pas qu'on vous fît.

Tout ce que vous voudriez que les autres vous fissent, faites-le pour eux.

Aimez jusqu'à vos ennemis, faites du bien à ceux qui vous haïssent et priez pour ceux qui vous persécutent; ainsi vous vous montrerez les enfants de votre père qui est dans les cieux, lui qui fait lever son soleil sur les bons et sur les méchants, et qui fait tomber ses pluies sur le juste et sur l'injuste.

Il y a un échange continuel entre les hommes; donnez, on vous donnera; aimez, on vous aimera; plaignez, on vous plaindra.

Nous avons sans cesse besoin les uns des autres : Que pourrait faire l'homme, s'il était abandonné à lui seul?

Le drap de votre habit est fait de la laine des brebis : depuis le berger qui conduisait le troupeau, jusqu'au tailleur qui a confectionné l'habit, combien de personnes ont travaillé pour vous!

Pour nous procurer les choses les plus nécessaires, il a fallu établir, entre tous les hommes, et même entre toutes les parties de la terre, une association de secours mutuels. Le laboureur donne du pain au fabricant, le fabricant donne des habits au laboureur.

Tous les hommes ne forment qu'une grande famille. D'un bout du monde à l'autre, ils sont liés par leurs besoins, et se tiennent par la main comme des frères.

LA DOUCEUR

ENVERS LES AUTRES.

(Tiré de la Bible.)

Soyez bons les uns envers les autres.

Une réponse douce apaise la colère; les paroles dures la suscitent.

La patience vaut mieux que la force; celui qui sait se vaincre lui-même vaut mieux que celui qui sait vaincre les armées.

Calmez-vous, et que le soleil ne se couche jamais sur votre colère.

Pardonnez aux autres leurs torts envers vous, et l'on vous pardonnera les vôtres.

Vivez en paix si cela se peut et autant que cela se peut avec toutes sortes de personnes.

Ne rendez pas le mal pour le mal ni l'injure pour l'injure; ne vous vengez qu'en faisant le bien.

Celui qui creuse un fossé pour y faire tomber les autres y tombera lui-même; celui qui met une pierre dans le chemin d'un autre viendra s'y heurter; celui qui tend des piéges y sera pris lui-même : ainsi le méchant se renversera de ses propres mains.

Si donc votre frère s'est rendu coupable envers vous, pardonnez lui : pardonnez-lui, vous eût-il offensé sept fois dans un jour.

Lorsque vous priez et que vous êtes devant Dieu, si vous venez à vous souvenir que votre frère a quelque reproche à vous faire, quittez tout, allez d'abord vous réconcilier avec lui, et revenez ensuite prier.

Apprenons à porter les fardeaux les uns des autres : chacun a ses défauts ; personne n'est assez sage par soi. Il faut nous supporter, nous consoler, nous aimer, nous instruire et nous avertir réciproquement.

LES VIEILLARDS.

Respectez les vieillards : ils ont passé de longs jours sur la terre ; ils ont vu beaucoup de choses ; leurs cheveux sont blanchis par l'âge, et le temps les a courbés.

Des paroles sages sont dans leur bouche, et les années écoulées leur ont enseigné les bons conseils.

Ils vous apprendront la sagesse et la science; ils vous diront ce qu'eux-mêmes ils ont appris de leurs pères.

En les écoutant vous apprendrez à répondre.

Levez-vous donc devant celui dont les cheveux ont blanchi.

Là, où sont les vieillards, gardez-vous de beaucoup parler.

Un jour vous serez vieux comme eux; les infirmités pèseront sur vous à votre tour.

Dites en voyant un vieillard : Il fut jeune comme nous, il eut la vigueur et l'ardeur de l'âge mûr; il a parcouru la carrière et touche au terme; viendra le temps où nous y toucherons comme lui.

LE TRAVAIL.

Paresseux, contemple la fourmi; vois comme elle amasse avec soin les provisions d'hiver et les entasse dans les souterrains qu'elle a creusés! Comme elle traîne péniblement ce grain pesant pour elle !

Elle te donne une leçon, sache en profiter.

Comme elle, songe à l'hiver, aux jours mauvais, à la vieillesse qui engourdira tes forces.

La vieillesse approche à grands pas : le temps accourt ; il est prompt dans sa course.

Le travail est le partage de l'homme : l'homme est né pour travailler comme l'oiseau pour voler.

Dieu nous l'a enseigné lorsqu'il a voulu que la terre ne devînt féconde qu'arrosée de nos sueurs.

Voyez quelle activité règne dans les champs : nul n'est oisif; chacun remplit sa tâche avec ardeur. Le laboureur penché sur sa charrue trace un sillon dans la plaine ; un autre retourne le sol avec sa bêche; la cognée du bûcheron retentit sur la colline, et la faux du moissonneur fait tomber les épis. Ce n'est qu'après les fatigues du jour que l'homme va chercher le repos de sa chaumière.

Dans le travail on trouve l'abondance.

En vivant du travail de vos mains, vous serez heureux. Votre femme sera dans votre maison comme une vigne qui produit des fruits abondants; et vos enfants entoureront votre table dans la joie.

La paresse est suivie de la faim.

Le paresseux qui ne travaille pas l'été mendiera l'hiver.

Dieu a dit : Tu mangeras ton pain à la sueur de ton front jusqu'à ce que tu rentres dans la terre dont tu es sorti.

LA BONNE CONSCIENCE.

Le témoignage d'une bonne conscience est la gloire de l'homme de bien.

Ayez une bonne conscience, et vous serez heureux.

La bonne conscience fait supporter beaucoup de choses.

Elle porte la joie au sein même de l'adversité.

Les remords au contraire sont inquiets et tremblants; le méchant n'a pas de plaisirs véritables, et son ame n'est jamais en repos.

En vain dans son orgueil il dira : Je suis tranquille, le malheur ne fondra pas sur moi... Ne le croyez pas, car la colère de Dieu peut s'élever tout à coup comme le vent de la plaine, et toutes ses joies s'évanouiront.

Ne vous mettez pas trop en peine de ce qu'on dit de vous; les louanges des hommes ne vous font pas meilleur que vous n'êtes, et leur blâme ne vous ôte rien de ce que vous valez.

Nous sommes ce que nous sommes, et tout ce qu'on pourra dire ne nous élèvera ni ne nous abaissera devant Dieu.

DIEU VOIT LES MÉCHANTS.

(Tiré de la Bible.)

Des paroles coupables sortent de la bouche des méchants et ils s'abandonnent au mal.

Ils oppriment la veuve et accablent l'orphelin.

Puis ils se disent entre eux : Dieu ne nous verra pas, le Seigneur n'en saura rien.

Insensés, comprenez enfin et que la sagesse vous éclaire.

Croyez-vous que celui qui a fait l'oreille n'entendra pas, et que celui qui a fait les yeux ne verra pas?

Dieu connaît toutes les pensées des hommes et sait combien elles sont vaines.

LES ROGATIONS.

C'est aujourd'hui la fête des prières; c'est celle des rogations. L'air est pur et serein. Qu'il est doux après les longs hivers de voir les premiers soleils du printemps! Les plantes reçoivent une nouvelle sève; les arbres ont donné leurs fleurs: les moissons croissent dans les champs.

Voyez cette longue file d'hommes, de femmes et d'enfants confondus, qui sortent de cette petite église dont le clocher s'élève au milieu des arbres.

A leur tête marche la croix sainte, puis les enfants, vêtus de longs habits blancs, auxquels le soin des autels est confié, puis quelques hommes avec des ornements religieux, puis le pasteur du village, à l'aspect vénérable.

La longue file s'avance en prenant le chemin qui conduit aux champs, elle en suit les détours dans la plaine.

Tout en marchant le pasteur bénit la moisson, et les sons des voix et les paroles des hymnes se répandent dans les airs et se prolongent depuis la colline jusqu'au vallon.

Ecoutez, écoutez les paroles religieuses!

« C'est Dieu qui afflige, mais c'est lui qui console: c'est lui qui frappe, mais c'est lui qui guérit..... Nous vivons en sa présence. »

Ecoutez, écoutez encore!

« Ma force est dans le Seigneur : c'est lui qui a fait le ciel et la terre; il ne laissera pas mes pieds chanceler, il veillera sur moi et ses yeux ne se fermeront pas..... Que Dieu soit avec vous, il vous délivrera comme le passereau du filet de l'oiseleur, comme le passereau qui brise le filet et s'envole en chantant. »

Les chants ont continué, et bientôt les détours de la route ont ramené la troupe pieuse aux portes de l'église : Tous entrent avec recueillement, tous se rangent autour de l'autel, et la solennité s'achève.

Une voix qui prie se fait encore entendre, elle répète des paroles sacrées, elle dit :

« Demandez et l'on vous donnera, cherchez et vous trouverez, heurtez et l'on vous ouvrira. Quiconque demande obtient, qui cherche trouve, à qui heurte on ouvre. »

Cependant les travaux n'avaient été que suspendus, chacun retourne à ses champs, à ses labours; le calme et la confiance sont dans les cœurs : on a prié Dieu, on espère.

LE PARALYTIQUE.

Avez-vous vu le vieillard paralytique qui habite la petite ferme du hameau, là bas, au milieu des maisons que dorent les rayons du soleil couchant et du toit desquelles s'élève la fumée ?

Autrefois c'était un des plus actifs travailleurs du pays; dès le matin on le voyait à ses labours ou à ses semences; il parcourait ses champs, surveillait ses récoltes; la journée était trop courte pour ses travaux, et le soir il rentrait le dernier à la maison.

Alors il était jeune, il avait la vigueur de l'âge; mais les années se sont accumulées sur sa tête, puis les infirmités sont venues, et le voici sur un grand siége, tout enveloppé de vêtements chauds, la tête appuyée sur des coussins, renfermé dans sa demeure et quelquefois se faisant conduire devant sa porte pour se réchauffer aux rayons du soleil d'automne.

Ainsi tout a son déclain : le vieux chêne, qui nous ombrageait de son feuillage, voit ses rameaux se flétrir et se sécher : les choses qui paraissent les plus solides et les plus durables ont leurs jours de destruction : au milieu de tant d'objets qui périssent l'homme passe encore plus vite.

Allez voir cependant, allez voir le vieux paralytique de la ferme du hameau : ses enfants s'empressent à ses côtés, ils lui prodiguent leurs soins, et baissent devant lui la tête avec respect. Puis viennent les enfants de ses enfants qui jouent à ses pieds. La vie, la jeunesse, l'activité sont autour de lui, et à l'expression calme et riante de ses traits, on voit que le ciel a encore créé du bonheur pour sa vieillesse.

MARIE LETELLIER.

Guillaume Letellier, ancien laboureur, après une vie laborieuse, avait été dans sa vieillesse atteint par le malheur. De mauvaises récoltes l'avaient ruiné, le feu avait pris à sa grange, il avait perdu sa femme; puis enfin, quand l'âge courbait son front, la paralysie avait frappé ses membres.

Dans cet état, sa fille, la pauvre Marie, son unique enfant, devint sa seconde Providence. Privé de tout, il n'avait plus qu'elle; elle ne l'abandonna pas.

Le pays était pauvre, Marie pouvait difficilement trouver de l'ouvrage; elle labourait elle-même un petit coin de terre que son père possédait encore, elle filait un peu de chanvre, elle travaillait de son aiguille; mais avec tout cela, elle avait bien de la peine à gagner seulement le pain de chaque jour.

Elle ne se décourageait pas néanmoins, la pauvre Marie : elle se confiait à la Providence, et fixée près de son père, elle l'amusait par ses récits, veillait auprès de lui dans les longues soirées d'hiver, le soutenait elle-même dans ses bras, et souvent le portait devant sa maison ou dans son jardin pour qu'il se réchauffât aux rayons du soleil.

Quelquefois elle était sur le point de manquer de pain; mais quand elle le voyait diminuer, elle n'en mangeait plus, et le gardait pour son père. Quelques choux du jardin, un peu de sel, c'était assez pour elle; elle était contente quand son père était content.

Telle était cette excellente fille : il n'y avait pour elle qu'une seule occupation dans la vie, c'était son père; qu'un seul plaisir, c'était encore son père. Souvent, assise devant la porte de sa maison, elle voyait passer les jeunes filles du village qui, parées de leurs plus beaux habits, allaient à quelque fête voisine; elle avait bien quelques regrets et les suivait des yeux, mais elle se retournait, apercevait son père, et n'y pensait plus.

La bonne Marie eut sa récompense. Sa vertu touchait tout le monde; il y eut un homme de bien qui lui dit : Sois ma compagne, et qui la rendit heureuse.

LES HABITANTS DE VILLIERS.

Il se faut entr'aider, c'est la loi commune. Il est odieux de ne vivre que pour soi, sans songer combien il en coûterait peu pour soulager les autres. Des secours mutuels entretiennent l'affection entre les hommes, et celui qui aide son prochain dans les afflictions sera soutenu dans les siennes.

Jean Loiselet et sa femme étaient laboureurs à Villiers, ils avaient cinq enfants et soignaient encore leur mère, vieille, infirme et aveugle. C'était beaucoup, mais enfin, avec le travail de ses bras, Jean Loiselet pouvait bien les soutenir, et il ne manquait pas de pain lorsque la récolte ne manquait pas à ses champs.

Une année, comme la moisson approchait, Jean Loiselet et sa femme furent tous deux atteints d'une cruelle maladie; le mari resta languissant et hors d'état de travailler, la femme était dans le plus grand danger et le curé de la paroisse venait lui donner les secours de la religion.

Le malheureux Loiselet ne put retenir l'expression de sa douleur : Que vais-je devenir ! s'écria-t-il; voici le temps de la moisson, je ne puis travailler; mes grains, notre pain de l'hiver, tout est perdu....!

En effet, c'est l'usage dans ce pays comme dans beaucoup d'autres que, lorsque la moisson est ouverte, chacun soit à ses travaux, et on ne trouve plus d'ouvriers.

Mais il y avait dans ce village de bons habitans : le dimanche étant venu, le curé monta en chaire, il peignit le sort malheureux de Loiselet, et tout en sortant de l'église soixante personnes de la paroisse se mirent aussitôt à l'ouvrage pour récolter sa moisson. C'était certainement un travail agréable à Dieu et une manière bien belle de sanctifier le dimanche.

Les uns sciaient les blés, d'autres préparaient les liens, d'autres attachaient les gerbes : ceux-ci les transportaient à la grange, d'autres les entassaient, et à sept heures du soir dix arpents de froment épars sur toute la paroisse étaient moissonnés et engrangés.

Le pauvre Loiselet, de son lit de douleur, voyait tous ces ouvriers au travail et les remerciait par des larmes de reconnaissance. Sa femme et lui n'oublièrent jamais ce secours généreux, et on les trouvait toujours tout prêts à obliger les autres.

LE MATELOT.

C'était aux approches de l'hiver, lorsque la mer est plus furieuse et que les arbres, agités par le vent d'automne, courbent leurs branches dépouillées : souvent un vent violent soulevait les flots, on entendait mugir la mer, et de grosses vagues venaient jusque dans le port soulever les barques attachées au rivage.

Un matin le ciel paraissait pur, le vieux Germain, pêcheur, voulut aller à la pêche avec Paul, son fils; ils montèrent sur leur barque, apprêtèrent les voiles et les cordages, et bientôt lancés en pleine mer, ils perdirent de vue et le rivage et leur chaumière.

Ils pêchèrent toute la journée. Déjà le soleil touchait à l'horizon, quand les nuages s'obscurcirent, le vent commença à souffler; alors ils s'empressèrent de tourner les voiles vers le port.

Mais la tempête fut plus rapide que la course de leur petite barque : le vent souffla bientôt avec violence, les vagues s'amoncelèrent tout à coup et le vent redoublant ses efforts, la barque pencha sur les flots, et alla e briser contre la pointe d'un rocher.

Plus d'espoir, la mort était certaine; une rande distance séparait les pauvres pêcheurs u rivage; l'homme le plus vigoureux n'au it pu qu'avec peine la franchir à la nage r un temps calme et serein.

Paul ne songeait qu'à son père; il prit un

cordage, il voulut l'attacher autour du vieillard pour le traîner en nageant, aimant mieux mourir avec lui que de se sauver tout seul : mais son père le repoussa.

« Mon fils, dit-il, tu es jeune encore, moi je suis vieux; j'ai fait mon temps, laisse-moi, laisse-moi. »

Mais Paul n'y pouvait consentir : la barque s'affaissait à chaque instant, il allait périr, mais il restait là, attaché à son père, le serrant dans ses bras : Non, disait-il, non, je mourrai avec vous !

Alors le père prit une voix solennelle: « Mon fils, la voix d'un père est sacrée; c'est celle de Dieu pour un fils, obéis, je le veux : va, sois le soutien de ta mère.....» En même temps il poussa Paul, et le lança dans les flots.

Quand le jeune homme revint au-dessus de l'eau, tout était disparu; il ne vit plus ni la barque, ni son père. Il lutta long-temps contre les vagues, et gagna enfin le rivage où il arriva presque expirant.

Le lendemain le corps du père fut trouvé sur le rivage, parmi des rochers et de la mousse.

www.ingramcontent.com/pod-product-compliance
Ingram Content Group UK Ltd.
Pitfield, Milton Keynes, MK11 3LW, UK
UKHW020400250726
13967UKWH00005B/2388

9 782013 051866